AF357610

28 Janvier 90
V

VENTE

des Mardi 28 et Mercredi 29 Janvier 1890

HOTEL DROUOT, SALLE N° 1

à deux heures un quart.

TRÈS BEAU

MOBILIER

ANCIEN ET DE STYLE

Objets d'Art — Tapisseries

TABLEAUX

RICHES TENTURES, TAPIS D'ORIENT

Me G. BOULLAND	M. A. BLOCHE
COMMISSAIRE-PRISEUR	EXPERT
26, rue des Petits-Champs, 26.	25, rue de Châteaudun, 25.

EXPOSITIONS PUBLIQUES

Les Dimanche 26 et Lundi 27 Janvier 1890

DE DEUX HEURES A SIX HEURES

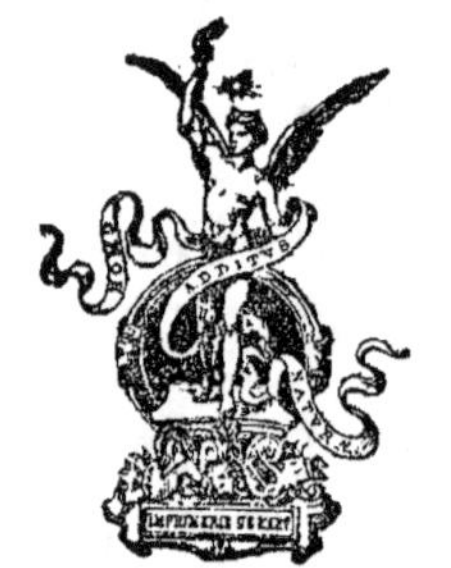

CATALOGUE

D'UN

BEAU MOBILIER

ANCIEN ET DE STYLE

COMPRENANT

Quatre Salons en velours de Gênes
Lampas, Broderie de Chine et de fantaisie, Salle de billard
Cinq Chambres à coucher, Salle à manger, Cabinet de travail
Antichambre, Cabinet de toilette, etc.

MEUBLES DE JANSEN ET DE VIARDOT

Pianos de Pleyel et d'Érard

BRONZES, OBJETS D'ART, PORCELAINES, FAIENCES

Glaces, Tableaux

TRÈS BELLES TENTURES, TAPISSERIES, TAPIS

VINS DE BORDEAUX, DE CHAMPAGNE ET D'ESPAGNE

Liqueurs

DONT LA VENTE, AUX ENCHÈRES PUBLIQUES, AURA LIEU

HOTEL DROUOT, SALLE N° 1

Les Mardi 28 et Mercredi 29 Janvier 1890

A 2 HEURES 1/4

Par le Ministère de **M. G. BOULLAND**, commissaire-priseur

26, rue des Petits-Champs, 26

Assisté de **M. A. BLOCHE**, expert

25, rue de Châteaudun, 25

Chez lesquels se trouve le présent Catalogue

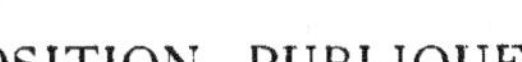

EXPOSITION PUBLIQUE

Les Dimanche 26 et Lundi 27 Janvier 1890, de 2 heures à 6 heures

CONDITIONS DE LA VENTE

La vente sera faite au comptant.

Les acquéreurs payeront, en sus de leur adjudication, *cinq pour cent* applicables aux frais.

L'exposition mettant les acquéreurs à même de se rendre compte des objets vendus, aucune réclamation ne sera admise une fois l'adjudication prononcée.

Paris. — Imp. de l'Art. E. Ménard et Cⁱᵉ, 41, rue de la Victoire.

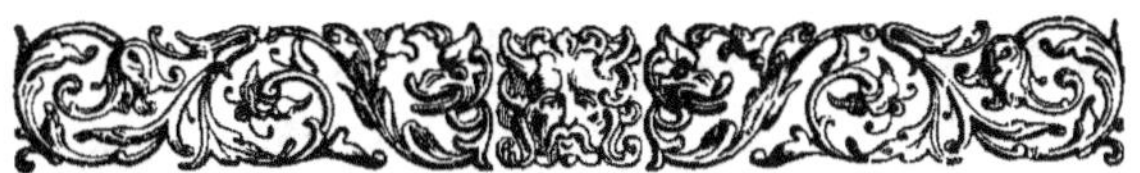

DÉSIGNATION DES OBJETS

MOBILIER, OBJETS D'ART

1 — Bel ameublement de salon, en bois sculpté et doré, de style Louis XIV, recouvert de velours de Gênes, à grand dessin mousse sur fond ivoire. Il se compose d'un canapé, quatre fauteuils et quatre chaises.

2 — Deux belles décorations de fenêtres avec draperies et chutes, en velours de Gênes parei' aux sièges, montées sur des galeries en bois sculpté et doré, avec grands rideaux en satin de soie verte mousse, encadrés de bordure en velours de Gênes.

3 — Grande table forme carrée, style Louis XIV, bois sculpté et doré ; dessus en marbre.

4 — Console en bois sculpté et doré, style Louis XIV ; dessus en marbre.

5 — Console en bois sculpté et doré, à trois mouvements. Style Louis XIV.

6 — Vitrine forme demi-lune, en vieil acajou, à filets de cuivre, entièrement gainée de peluche.

7-8 — Deux gaines en marbre gris.

9-10 — Deux groupes en bronze, représentant *la Chasse* et *la Pêche*.

11 — Bahut en bois noir à filets de cuivre, orné de bronzes, avec panneau en marqueterie de Florence.

12 — Piano droit, de Pleyel.

13 — Dos de piano en broderie sur peluche vieux rose.

14 — Piano à queue, d'Érard, en palissandre.

15 — Dessus de piano à queue, en soierie ancienne, époque Louis XIV, ornée de franges et de galons d'or.

16 — Très belle garniture de cheminée, en bronze fumé, style Louis XIV, composée de deux candélabres à neuf lumières et d'une pendule forme religieuse.

17 — Groupe en bronze sur socle : *Faune et Amour*.

18 — Statuette en bronze sur socle : *Baigneuse*, de PRADIER.

19 — Statuette en bronze sur socle : *Montesquieu*.

20 à 28 — Nombreux coussins en soierie, brocart et broderie. (Seront vendus séparément.)

29 à 35 — Plusieurs tapis d'Orient de différentes grandeurs. (Seront vendus séparément.)

36 — Très bel ameublement de petit salon, en lampas de soie brochée, à fleurs et guirlandes, sur fonds de différents tons, avec rampes de peluche rouge garnie de cordelières et de franges assorties. Il se compose d'un canapé, deux fauteuils et quatre chaises.

37 — Lustre en bronze doré. Style rocaille.

38 — Belle garniture de cheminée Louis XVI : pendule et deux candélabres en bronze, avec socles en marbre griotte.

39 — Table Louis XIV, en bois sculpté et doré, avec dessus de peluche beige.

40 — **École française**. Danaé. Bon tableau,

41 — Très belle cheminée d'aspect monumental en bois sculpté, de style chinois. Les montants offrent des suites de dragons enroulés ; le trumeau à fronton, en forme de baldaquin supporté par des dragons menaçants, pose sur un entablement tout bordé de perlé et de feuilles de lotus. L'intérieur de la cheminée est enrichi de huit plaques rectangulaires et quatre autres rondes, en ancienne porcelaine de Chine, de la famille verte, décorées de paysages et de figures, montées sur cuivre et bronze.

42 — Superbe décoration de baie, composée de deux
grandes portières en satin jaune impérial de Chine,
couronnées par un grand lambrequin se dessinant en
cantonnière, richement brodé de dragons et d'ornements en or et soies de différents tons, sur fond de
satin jaune impérial, garnie de franges et de cordelières assorties.

43 — Très bel ameublement de boudoir, composé d'un
canapé, deux fauteuils et deux chaises forme ottomane,
recouverts en satin fond jaune impérial et fond rose
de Chine, richement brodé d'oiseaux de paradis,
d'objets d'ameublement, de fleurs, de personnages et
ornements, en or et soie multicolore, garnis de
franges et de glands assortis.

44 — Deux magnifiques décorations de portes ; d'un côté
en satin de Chine, fonds de différents tons, rose, gros
bleu et mordoré, richement brodé d'or et de soie,
entourées de peluche et de l'autre côté en soierie bleu
pâle ornée de caractères en relief, garnies de franges
et passementerie avec glands multicolores.

45-46 — Deux très beaux meubles formant étagères et
vitrine en bois des Iles finement sculpté et orné d'in-
crustations de burgau, avec têtes de dragons en haut,
se détachant en ronde bosse. Intérieur gainé de peluche rouge. Travail de Viardot.

47 — Tabouret en bois sculpté et doré, Louis XV, dessus
en broderie de Chine à personnages sur fond de drap
rouge.

48 — Jolie table vide-poche en émail cloisonné de Chine
fond bleu turquoise, dessus en couleur; monture bois
sculpté et à jour. Style chinois.

49— Garniture de foyer en fer forgé, avec pelle et pin-
cettes.

50 — Jolie table-support en bois sculpté des Iles et à jour,
dans le goût chinois, ornée dessus d'une plaque en
porcelaine de Chine, décor à figures.

51 — Très beau mobilier de cabinet de travail, style Renaissance, composé d'un canapé, quatre fauteuils et
deux chaises en noyer finement sculpté, rehaussé d'or,
couverts en velours ciselé rouge, à fond de soie ; dossier ton sur ton à fleurs et branchages.

52 — Deux très belles décorations de fenêtres en velours
de soie rouge avec larges bandes de velours analogue
à celui des sièges, se composant de quatre rideaux,
deux lambrequins, embrasses et accessoires.

53 — Deux jolies petites chaises, style Louis XVI, en bois
noir, ornées de bronzes ; dessus en soierie brochée, de
la maison Jansen.

54 — Très beau lit de milieu à colonnes en bois sculpté,
panneau de fond à fronton richement décoré de
figures, d'arabesques et ornements en bas-relief. Travail partie ancien. Style xvie siècle.

55 — Table de nuit en bois sculpté. Même style.

56 — Belle tenture de lit, bandeaux et décoration de
fenêtre en tapisserie au point, dessin médaillons et
ornements. Style xvie siècle.

57 — Belle garniture de cheminée, en bronze partie doré,
sujets groupes d'amours, de Paillard.

58 — Paravent en noyer sculpté, de style Louis XV, à
quatre feuilles, avec panneaux en glaces biseautées et
garni de lampas.

59 — Chaise longue se divisant en deux parties, en noyer
ciré, de style Louis XV, à rehauts d'or, et couverte de
lampas à bouquets.

60 — Petit fauteuil jarretière en bois doré, de style
Louis XVI, couvert en lampas bouton d'or.

61 — Coupe en porcelaine de Chine, monture en bronze.

62 — Pouf rectangulaire en bois noir, couvert en velours
frappé rouge.

63 — Deux chaises fumeuses en bois noir, couvertes en
drap noir soutaché.

64 — Quatre chaises légères en noyer ciré, de style
Louis XVI, dossiers forme de lyre, couvertes en
lampas ardoise.

65 — Petit meuble-vitrine en noyer sculpté et ciré, s'ouvrant à trois portes garnies de glaces biseautées.

66 — Table formant jardinière, en chêne sculpté.

67 — Dessus de cheminée en noyer ciré, à voussure
garnie d'une frange.

68 — Paravent à quatre feuilles en cuir décoré de rin-
ceaux et de médaillons. Style Louis XIV.

69 — Jardinière rectangulaire en bois noir, ornée de
plaques de faïence sur le devant.

70 — Table en marqueterie hollandaise.

71 — Cheminée en noyer sculpté, avec bandeau en
velours de lin bleu brodé.

72 — Deux lampadaires en bronze fumé.

73 — Petit cabinet en bois noir, à deux portes, supporté
par quatre colonnes de style Louis XIV.

74 — Accordéon.

75 — Bel ameublement de salle à manger en noyer ciré,
style Renaissance, composé de deux buffets-crédences
s'ouvrant à portes pleines dans le bas et à deux bat-
tants garnis de glaces biseautées dans le haut; une

table carrée avec ses allonges, un dressoir, et dix
chaises couvertes en velours bleu frappé.

76 — Suspension en bronze poli, à neuf bougies, et une
lampe. Style Renaissance.

77 — Deux bas-reliefs en terre cuite, cadres en peluche
cramoisie.

78 — Ameublement de chambre à coucher en palissandre ciré, style Louis XV, composé de deux lits
jumeaux et toute leur literie, d'une grande armoire
s'ouvrant à trois portes ornées de glaces biseautées, et
deux tables de nuit forme chiffonnier.

79 — Tenture pour un lit et deux fenêtres, en brocatelle
rouge et or, et peluche de soie ; intérieur de lit drapé
en satin.

80 — Chaise longue, dossier à rouleau, recouverte en
velours de Gênes et brocatelle de soie.

81 — Deux petites chaises légères, recouvertes en velours
de Gênes.

82 — Toilette en marbre.

83 — Ameublement de chambre à coucher en palissandre ciré, style Louis XV, composé d'un grand lit
et toute sa literie, d'une armoire cintrée à glace
biseautée et une table de nuit.

84 — Garniture de cheminée, style Empire, composée de deux candélabres à cinq lumières et d'une pendule forme lyre.

85 — Petite commode ancienne, décor genre écaille.

86 — Canapé capitonné en satin mousse, avec draperie en lampas vieux rose.

87 — Nombreux tabourets de pieds de fantaisie.

88 — Petit groupe en biscuit représentant un lion couché.

89 — Coupe en marbre noir, sur pied en bronze à cariatide.

90 — Deux cornets en faïence de Gien, décor genre Delft.

91 — Deux flambeaux en bronze fumé.

92 — Chimère en faïence bleue de Collinot.

93 — Statuette en biscuit, d'après l'antique, représentant une femme debout.

94 — Lit en bois sculpté et laqué, panneau garni de cretonne et toute sa literie.

95 — Ameublement de chambre en pitchpin verni, composé d'un lit complet, une table de nuit, une petite table à croisillon et deux chaises pitchpin cannées.

96 -- Billard en palissandre ciré et tous ses accessoires, queues, billes, tableaux, etc.

97 — Billard anglais et ses accessoires.

98 — Suspension de billard à deux lumières.

99 — Banquette recouverte en étoffe genre tapisserie.

100 — Paravent bambou noir et or, à quatre feuilles, garnies de panneaux brodés sur soie fond argent.

101 — Deux fauteuils Louis XIII, en noyer ciré, recouverts en tapisserie au point.

102 — Deux chaises en bois noir, recouvertes en étoffe genre tapisserie.

103 — Panneau de tapisserie *verdure* à personnages, encadré de bordure sur trois côtés.

104 — Autre panneau de tapisserie *verdure* encadrée de bordure. Époque Louis XIII.

105 — Quatre portières en tapisserie à personnages, encadrées de panne vieux ton.

106 — Deux bustes en terre cuite : *les Rieurs*, de CARPEAUX.

107 — Colonne en citronnier et palissandre. Style Louis XVI.

108 — Deux fauteuils en noyer sculpté, garnis de canne.

109 — Lustre en bronze doré, à gaz à trois lumières.

110 — Brasero ancien en cuivre rouge.

111 à 126 — Belle collection de plats et assiettes en faïence ancienne de Delft, Moustiers et Rouen. (Seront vendus séparément ou par paire.)

127 — Statuette en bronze, sur socle : *la Danseuse espagnole*.

128 — Deux potiches de Chine, avec couvercle.

129 — Deux chaises en broderie turque.

130 — Glace de Venise.

131 — Paire de rideaux en brocatelle bleu et or.

132 — Buste en terre cuite : *Charlotte Corday*, de Carrier-Belleuse.

133 — Miroir style Louis XIII, en chêne sculpté, avec appliques en bronze.

134 à 151 — Nombreux tableaux et aquarelles anciens et modernes. (Sera divisé.)

152 à 156 — Plusieurs tapis d'appartement.

157 — Console style Louis XV, en palissandre verni, dessus en marbre.

158 — Lanterne d'antichambre, en fer forgé. Style gothique.

159 — Bahut formant coffre à bois, en chêne sculpté. Style ancien.

160 — Deux fauteuils en noyer sculpté. Ancien travail italien.

161 — Armoire normande en chêne sculpté.

162 — Petite table en noyer ciré, à croisillon.

163 à 171 — Nombreux vases en faïence de Delft, de Collinot.

172 — Deux colonnes cannelées et sculptées, en noyer.

173 — Deux candélabres en porcelaine de Saxe, à sept lumières.

174 — Très belle coupe en porcelaine de Saxe, avec statuettes en relief, représentant les quatre Saisons.

175 à 183 — Plusieurs groupes et statuettes en porcelaine de Saxe.

184 — Deux chaises en bois noir et ivoire.

185 — Table en marqueterie de bois noir et d'ivoire.

186 — Écran-liseuse en peluche brodée fond mousse.

187 — Deux petites coupes en porcelaine de Saxe ajourée.

188 — Deux grands cornets en porcelaine de Chine.

189 — Objets non catalogués.

VINS

190 — Cinq cent quatre-vingt-six bouteilles de vin rouge, cachet noir, Saint-Émilion, domaine de Bellefond.

191 — Trente-neuf bouteilles de vin rouge.

192 — Cent quarante-six bouteilles de vin blanc, Barsac, 1879.

193 — Cent cinquante-six bouteilles de vin blanc, Haut-Sauternes, 1884.

194 — Deux cent quatre-vingt-une bouteilles de vin rouge, Grand Médoc, 1884, Margaux.

195 — Deux cents bouteilles de Pomard, 1878.

196 — Cent une bouteilles de Mouton, 1881.

197 — Cent treize bouteilles de Pontet-Canet, 1881.

198 — Douze bouteilles de Château-Larose, 1870.

199 — Quatorze bouteilles du domaine de Manieu.

200 — Quarante-trois bouteilles de Banyuls, 1870.

201 — Trente-six bouteilles de Porto, 1870, marquis de Borges.

202 — Quarante et une bouteilles de Moscatel, de Xérès, 1875.

203 — Douze bouteilles de Xérès, 1875, duc de San Lorenzo.

204 — Vingt-cinq bouteilles du château Haut-Brion, 1870.

205 — Vingt-deux bouteilles de Champagne, Saint-Marceau Royal.

206 — Sept demi-bouteilles de Champagne, Saint-Marceau Royal.

207 — Cinquante-six bouteilles de cognac.

208 — Une bouteille et trois demi-bouteilles anisette.

www.ingramcontent.com/pod-product-compliance
Lightning Source LLC
LaVergne TN
LVHW011007180726
843502LV00007B/2396